AF490359

نبضات على الورق

دار حروف منثورة للنشر والتوزيع

الطبعة الأولى

الكتاب: نبضات على الورق

المؤلف: زينب أبو المجد

تصنيف الكتاب: خواطر

تصميم الغلاف: فريق الدار

تنسيق داخلي: فريق الدار

مراجعة لغوية: مؤمن عفيفي

رقم الإيداع: 2073 /2021م

الترقيم الدولي: 9789776867123

مؤسس الدار

مروان محمد

Website: https://horofbooks.com

Fan page: http://facebook.com/horofsbooks

Email: info@horofbooks.com

هاتف جوال: 00201113006296 – هاتف جوال: 00201064054995

خواطر

نبضات على الورق

زينب أبو المجد

إلى أمي الحبيبة وروح أبي الغالي وسبب وجودي في الحياة.

إلى كل من علمني أو تعلمت منه في الحياة، وكان سببًا في هذه النبضات.....

وإلى من يعرف أنه ...كل هذه النبضات.

إلــيـك

إليكَ النفس تهفو وتدنو منكَ الأحلام والمنى، وترنو إليك العين وتسهد الليالي لا ترى إلا إياك.

حنان القلب أنت.... وروح النسيم، وشذا الزهور في كل ربيــع، حَمَامات الهوى تبعث إليك طيورًا تسـيح في رُبى المشرق فتهيم بلا وليف.

عذوبة اللحن من وسط الشفاه تسيلُ..

وصفاء الكون في عينيك يلوحُ..

يحمل الحب وينثره في كلّ طريق، ويرقى بالدنيا من الأرض في عرس بهيج.

بحور الأرض وماءها سطور في هواكَ، ها هي إليك فاقرأها إن شئت. فهي صفحات في قلبي خلاصتها وعصارة منتهاها وهـدير الأمنيات.

بالحب أنت عَرفُتني وطريقي إليك بالعشق أمشيه...

حياتي... بقائي في حبك؛

وسعادتي في كنفك بها ارتوي....

أتيتك وحب الأيام أحمله..

وشوق العاشق

أهداني...

رؤياه ولم أكن أتوقع قلبًا كبيرًا بالحب يحويـني...

سمعته هاتفا يناديني..

ومن غمرات الضلال ينجيني ...

فلبيت نداءك معانقة أرجو النجاة...

وكل قواك تحميني ....

قمر الليالي

ناجيت القمر ليلاً، علّه يأتيك بأسراري..

وسألت الليل يخبرك كيف يكون هو حالي..

يا ليل أخبره .. كيف سلب عقلي وشغل بالي..

يا ليل اهمس له بنبضات وجداني..

يا ليل أخبره .. كيف تنام عينه وعيني من فرط الحب لا تنام؟

يا ليل اسْمِعه دقات قلبِي الحيرانُ

يا ليل شاوره في أمري وحدثه عن سهادي.

حدثه عما يدور ببالي..

كيف أتوحشه ويدق قلبي لصوت إحساسه

كيف أهوي النسيم الذي يمر به وهو ينساني؟!

كيف أتنسم عبيره ولا يتذكر حناني..؟!

كيف أدعوه بكل آيات الهوى لأن يدخل جناني...

يا ليل أعلمه أنني ..صادقت النجوم لتأتيني بأخباره ...

وأعلمه أنني مهما بعدت، فهو في كل الأوقات سكني وداري ...

ولكني أخشاه ... أن يرحل في يوم عن سمائي...

وأخاف أن أكون .. ليلة قمراء في دجي الليل...

وتطويها شمس النهار...

أن أكون موجَ بحرٍ يعصف به، ثم يهدأ شاطئوه بأمانٍ أو
أن أكون ..كأسًا يرتوي منه، ثم يكسره في ثوانٍ..

ياليل أخبره كيف يكون حبي له .. بعرض الأرض والسماءِ؟!

وأكون عنده .. قطفة زهر يشمها وينتشي بها ويسلوها...

أو هي كطوق النجاة يعبر به الأمان وينآني.....

يا ليل....ها أنا ذا...أقدم له كل فروض الولاء والطاعة عـلّ فؤاده يأتيني برايته، ليرتمي بها بين أحضاني ..

أو علّه يَسْألُني حب الزمانِ ..

فقد لا يأتي إلا مرةً في العمر

ليس لها ثانٍ..

لو أنَّ للروح جناحًا لأخذتني إليك.....

لو أنَّ للقلب لسانًا لباح إليك.....

لو أنَّ للعين دعاء لتمنت ألا تكون إلا إليك.....

أيها الفؤاد ...أوزعني أن أحنو عليه،أيها الفؤاد... لكم أشكو ضعفي إليك...أيها الفؤاد ..إنني أذوب حبًّا بين يديه. إنه حقا يحبني أم أنني وحدي أشتاق إليه ؟!

يا حبي .. لكم أحببت فيك العمر الذي يمر ..لكم أحببت فيك الدنيا بأزهى ألوانها، والربيع بأبهى حُلَلِه، والليل بألمع نجومه ...يا عُمرَ العمر.. وروح الفؤاد ... قلبي يهفو إليك .. يرجو أن يراك أن يكون في ظلك وكنفك أن تضمه إلي روحك أن تحتويه بين جنبيك .....

يا تُرى متى يكون اللقاء.؟!

متي نكسر الشوق وندنُو من البقاء؟!

يا هوى يبعث في قلبي القُوي الأبديّة ....

يا إكسير الحياة

وقوّة البشريّة..

يا ضعفًا بك يصبح قوةً سحريّة

أسرت كل قواي ومنحتني عرشًا فوق قمم الجبال الورديّة
عرشاً ينير الكون ضِياه، ويزرع الظّلال حريّةً..
عرشًا أتمنى أن أكون أنا مَلكته الحرّة الأبديّة.

إلي متي؟

وُرَيْقاتي أكتبها إليك ...ليتنى أراك أوأسمعك ....

وحنيني يأخذني إليك...ليت قلبي يدق لمسمعك...

وأنيني تنسجه الليالي ...ليت صوتَه قد أَسْمعك ...

قلبي بكل الأماني ..باتت نفسه تشتهي أن تسألك ...

عن دفءحناني الذي مازال لا يشبعك، ويحتار عقلي بين

لقاءٍ للعين... ولقاءٍ للروح أهوى أن يجمعني بك ...

وتمضي الأيام وتمر الليالي ومازال القلب يسألك الهوى؟!

أتأبي أن تسقيه وتروي ظمأه؟ أم أنّ نفسك ليست بيمينك

لتمنحها لمن قد هوى!

أخبرني يا من قد سئمتُ الليالي

بدونِه ...

يا من تهوي العين أن تلمحه ...

يا من تأتيني الدنيا بالشوق إليه ..كلَّ الشوق ويظل هو لا يعرفه....

وتمر الأيام والليالي ...ولايرويني حبك إلا من نهر السراب الذي جفّ منبعه.....

تهواك الروح والعين، والفؤاد بات متوجعًا..

في كل يوم يسألك الشفاء من هذا الهوى ...يسألك الدواء بلا رجاء...إلى متي أيها القلب الشّريد تعذبني.

إلى متى؟!

كم من البشر لا يعرف. كم هو مر طعم الجفاء ومذاق البعاد ونكهة الهجر وعذاب الإشتياق!

ليتك أحسست يوما هذا البعاد، أو عانقت شيئًا من الاشتياق

...أو ربما تجرعت كأسًا من عذاب الابتعاد....

أمّا أنا ...فطالما تعذبت بناره..

واكتويت بأنينه..

وصاحبتني في الدنيا نوباته وصفعات موجاته ...

ولكم من مرة سألت عبراتي

أن تنادي هواك،

وتستدعي حبك وتستجدي رضاك....

أين أنت؟ بل أين نسائم لفتاتك.

أين أنت؟

بل أين

أجدك؟!

يا من .....صارعتني الدنيا على حبه، فكانت هي مكسبه
والخسران نصيبي.

أين أنت؟؟ يا من منحتني كل القوة ووهبتني كل الحياة

فأي شيء أمنحك؟!

وأي شيء أهبك؟

أسعدتني بك فكيف لي أن أسعدك؟!

هذه أحاسيسي ومشاعري تترجمها كلماتي التي تُعَبّر لك
عن بعض نغمات فؤادي...

فاتركني أذوب فيك ...

أذوب بين حناياك أذوب في نفسي..

التي أتَلَمّس ملامحها فيك؛

فأنت. أنت عذوبة قلبي وأنت

أنت... عذريّة حبي...

وأنت حنين القلب وفحواه....

انتظرتك

انتظرتك ...والشوق يملؤني والروح إليك تهفو، والقلب

يرفرف كالطير في أحضان الشجر.. يختفي...

انتظرتك... والفؤاد يخفق، والعين تهوى رؤياك، وتظل تشتهي..

انتظرتك.. وأظل أنتظرك.. وكلي حنينٌ وشوقٌ لرؤياك

ونسائم طيفك تداعب جنوني وأحلامي .

آهٍ ..آهٍ... يا قلبُ لقد قتلني الشوق والإنتظار..

ولولا أنني أسائل الأيام والليالي، لنفد صبري، ولمات أملي، ولدفن فؤادي..

آهٍ من الهوى والحب .. إذا تمكن من القلب وبات حيرانًا. يتألم للبعد وللفراق أحيانًا..

آهٍ... ثم آهٍ...أبثُّها خوفًا

وأحزانًا على طول البعاد، الذي لا تعرف له شاطئاً، ولا بلدانًا..

كل الهوى

رأيتك... والحزن بين عينيك يظِّل غمامه، وعرفت أنّ الحبَّ لا يعرف طريقه إليك..

ولكني أدلك على طريقه.. فالطريق أنا، لتصل إليه.

يا بحر الهوى...ودنيا الخيال ...أخبريه أنّه إن لم يغرق في حبي ..فلَسْتُ له ...

حبي لك.. وإن لم تُصدّق فليس الحب وحده يكفيك..

بل كُلّ الهوى..

يا بسمةَ العمرِ ..يا طعم الهوى ..كيف لا أهديك حبي وأنتَ كُلّ المنى..

أخاف أن أكون مجرد لحظات سعيدة تقضيها، ثُمَّ تنقضي..

أخاف أن أكون عبيرًا، أو نسمة تعبر بخيالك، ثُمَّ تختفي

أخاف أن أكون ومضة تنير حياتك، ثُمَّ تنطفي؟

أو ربما أكون بصمة لا تكاد تُرسَمُ حتى (تنمحي) بالله عليك. ماذا أكون بالنسبة لك؟

بكل صراحة كيف تراني؟ بل من هي أنا بالنسبة لك؟

سؤال أطرحه على نفسي لأول مرة، وأطرحه عليك؟

أحاول أن أجد عقلي.. ربّما أكون رغبة تمنحك الثقة في رجولتك؟ أو رُبّما تحب أن تكون مرغوباً دائمًا. فتقصدني وتصر على هذا الصّد، وأظل ألّح عليك. ولكن. إلى متى؟ تعذبني هكذا إلى متى تصّر علي أن تفعل بي كل ذلك،

أصبحت أشعر أنك راغب عني. تعطف علي كما تعطف
على أي مسكين. إنني لا أقبل أن تتصدّق علي

فكل سنوات عمري أحبك ...تباً لك ....فوَرَبّي... لن يقهرني
ولن يهزمني حبّك ولا أي حب..

لماذا تركتني وابتعدت؟! ألا تعرف من أنت؟

لماذا؟ لقد احترمت فيك إحساسك بالمسؤولية والوفاء لمن حولك؟ ولكن؟!

أنا. لماذا؟ تركتني إنني لا أقوى على هذا الجفاء

والبعد.. ألا تعرف أنَّ هواكَ نشوايا.. وأنك بريق

الروح وإكسير الحياة.. بل هو لذة الدنيا وصوت الربيع.. لو كنت احتفظت بي. لما كنت في هذه الحالة من التخبط وعدم الاتزان، ربّما أحاول قدر استطاعتي، من أجل زهرات عمري، إلا أنك قطعت رجائي بك، رغم كلّ توسلاتي، وأقسم لك أنني مازلت بقلب لا يؤمن إلا بك ولا

يخترقه أحد سواك...

فهذا القلب مازال صادقا رغم كل تقلبات الزمان، قوي لا يكف عن الحب، هذا الحب الذي ينمو بنبرات صوتك، بنظرات عينيك، برشفات صغيرة تمنحني إياها كلّ زمن بعيد، فلا تعتقد أنَّ هذا البعد ينسيني، أو يمنعني عنك؟ بل يمنحني حبًا أقوى، وشوقًا يكاد يقتلني، فليتك ضممتني بين ضلوعك، وإن كان موتي بعدها.

ومازلت تكابر نفسك وتحرمها هذا الحب، ربّما لأنه ضئيل بالنسبه لك، ولكنه حقًا. صادق لا يشوبه أي غرض أو رغبة إلا القرب من هذه الذات، التي طالما غمرتني بالحلم والعلو، والتي ترفعني من الأرض، لتصل بي إلى عنان السماء.

مازال قلبي يدق بك. مازال حبي عميق الإحساس بك..

مازال همسي إليك..

كل هذا الحب لك..

وحبك أنت.... أنت يا من تملك كل مشاعري، كل روحي، كل حياتي، أنت من أنت؟ لا أستطيع أن أصفك كلّ صفات البشر لا تنطبق عليك، كلّ ملامح الناس لا تقرّب منك، ربّما لأنني أراك من داخلك، لأنني أحسك، ولا أراك..

أشعرك ولا ألمسك، أسمعك ولا ألمحك..

أحبك بكل معاني الحب، بكل سمات الهوى أذبتني فيك.. عشقتك كوكبًا في السماء لامعًا، عشقتك حتى قتل العشق كلّ فرسان الهوى، عشقتك عشقاً أبديًا لا ينتهي.

عشقي لك عشق الروح للروح، لا يَفنى، ولا ينقضي عشق القلب لدقاته، عشق الحيران لهُداه، عشق التائه لدربه، عشق التائب لربه..

لقاء الأحبة

عندما تنام العيون. كلّ العيون.ألتقي بك بعيدًا عن الشك والظنون، أتحسس ملامحك، أرى نور وجهك، ألمس أحاسيسك، فيعزف قلبي أعظم سيفونية للحب..

والهيام أراك بعيدًا عن كلّ الناس، بعيدًا عن هذه الدنيا بما فيها، بعيدًا _حتى _عن نفسك ونفسي، تتلاقى أرواحنا، تتحلل من الأجساد. بعيدًا عن المادة، عن الأنفس عن الحياة، فوق ربوة السحاب يكون اللقاء، دون ترقب من الأنظار، تذهب الأرواح، تعرف الميعاد، تلتقي

في المكان..

هناك، تهمس همس الشفاه تتراقص في انسجام على صوت الربيع، تتجالس، تأنس بالحبيب، لا يعكر صفوهم سوى هديل الحمام الصغير، يا لها من حياة

تنعم بها الأرواح الهائمة في سماء الحب الصادق الأبدي..

حبٌ لا يرجو فيه الحبيب إلا رضا المحبوب إلا أن ينعم معه بالحلم الجميل، يا لها من لحظات..

حقًا إنَّ الحبَّ لعظيم، ينقي النفس البشرية من كل دنس، من كل إثم، ولكنْ، يبقى هناك الرجوع ...البعاد .الفراق. فراق صعب، لا ترضاه القلوب، ولكنْ، ذلك الحب جنون، شرود عن الحياة بعد عن المتاعب،عن الهموم، وكيف يحيا الإنسان بدونه؟!

إنه بدون اختيار. يتجاذب طرفاه دونما أي تدخل منهما، يأتي هكذا بلا إنذار، ويدوم إلى أبد الآبدين .

أتشعر بهذا الذي أحياه؟! أتحس هذه الحياة؟!

ليتك..

ليتك تنعم بها معي، فأنا قلبي.عرف هواك وغرق بين أمواجه، وذهب إليَّ هناك بلا عودة..

إن قلبي لا ينبض إلا بك، لايفرح إلا لك، لا يشعر بطعم الحياة إلا معك .

متي تجيب نداءه؟ إلى متي يظل يدعوك، فلا تلبي دعوته، ولا تستجيب ... بالرغم من كل شيء. يكفيه منك نظراتك ولو من بعيد،

يكفيه منك إحساس، شعور بما يريد، يكتفي بلمحة منك، بشذا عطرك، بذكرى جميلة، يظل يحبك وإن لم تحبه، يظل

يرجوك وإن كنت لا تريده، يظل معك يلازمك وإن أبيت قيده، إنه جنون الحب، جنون بلا عقل وكيف له ألا يجن بك، وهو يتعذب في هواك، إنه ليتذذ بهذا العذاب..

يا حبيبًا لم يغيره العمر، ولا الزمان.. يا عمرًا فوق العمر، أتريدني أن أنساك بأبي أنت وأمي يا من أرجوه وأتمناه..

كل هذا الحب ؟

كلّ هذا الحب. كلّ هذا الحب ولا زلت لا تصدقني، كل هذا الحب ولا أعرف هوية قلبك، كلّ هذا الحب ولا أبلغ قصدي؟ لا أعرف كيف تشعر به؟ كيف يصلك إحساسي؟ بل كيف تراه؟! لا أعرف إن كنت تريده أم لا؟! كل هذه التساؤلات تشغلني ولا إجابة..

كلّ هذا الحب ولا تجيب، كل هذا الحب وأنت لا تزال تجهلني، بكل الحب أقولها لك، أحبك. إلى متى تظل تعذبني، لا تجيبني لا تعطيني مجرد إحساس بهذا الحب، هل هو مجهول بالنسبة لك؟

لا أعتقد ذلك ولكن ...لا أعلم ؟!

إنَّ مجرد الإحساس منك يعطيني الكثير يمنحني الحياة، يحولني إلى مولود جديد، مجرد إحساس يعطيني الأمان والاستقرار النفسي، إنني أحتمي بك وبقلبك من الزمان

وما تأتي به الأيام.

يا حبيبي. يا عذابي. يا أملي..

أحمل في قلبي كلّ هذا الحب، بل إنه ليفيض من بين الضلوع، يطغى ويزيد، فيا حبًا عرفته طاغيًا في القلب، معربدًا في سماء الهُيام، ارحم قلبي واحنو عليه، فهو لن ييأس من هواك..

شوق وحنين

يعذبني الشوق والحنين إليك، إلى حد يمزق قلبي إلى أبعد ما يتخيل البشر، يصهرني حبك في عالم بعيد، يأخذني – وحدي – حيث لا أجد أحدًا سواي، يذيبني في دروبٍ لا أعلم متى تنتهي، ولا كيف؟ بل يأخذني – أحيانًا – إلى اليأس من الحياة، إلى نهاية العالم، إلى كآبة لا حد لها، لا تسألني لماذا؟! فأنا أريدك بجانبي، أتمناك، أحبك، وأنت أين أنت؟! أين أنت من كل هذا؟!...

أتشعر بحبي لك؟!

إذن... لماذا لاتعيره أي اهتمام، بل لا تريده.

إن كنت لا تريده، فلا تقولها لي. إن كنت تكرهني، فلا تعرض عني، فقط اتركني أحبك بلا أمل، كما هو حبي لك

حب بلا أمل ... بلا رجاء ... بلا شاطئ... يظل هكذا إلى أن أُفنى ولا يُفنى حبي لكَ...

فحبي لا يعرف إلا الصدق في المشاعر، الصدق في المصارحة، الصدق في اللقاء.

تعذبني في هواك

لماذا لا تأخذني داخل قلبك ؟! تحتويني _بكل حبك _ لا أعتقد أنك لاتعرف الحب، فقلبي يحدثني بأنك تبادل قلبي شعوره، ولكنه شعور حبيس، شعور مكبل.. لقد بحت لكَ بحبي بعد أن فاض بالقلب الحنين، بعد أن ضاق به الشوق إليكَ. ومازال يروق لك أن تعذبني في هواك، تحيرني في أمرك، أشعر أحيانًا أنك توشك أن تقولها. ولكنك لاتريد، أسمعها منك صدى صوت بلا صوت

أخاف منك ...

أتشكك في أمرك (تحبني ...أم لا ؟!)تحيرني التساؤلات ...ولكن بلا رد ...

أحبك ...أهواك

أحبك ...أهواك ..كلمات لا تكفي ولا تُعبّر عن الفؤاد، يراودني صوتك، ولا يكف عن ندائي. احتمي بقلبك من الدنيا، ولا أبالي. يكفيني منك الرضا، فأنت لا تعرف ماذا يهبني هذا الصوت؟! هذا المحّيا من الحياة. فمجرد أن تحرمني سماع صوتك، أو رؤياك، فأنت تقتلني. وستظل أنت بداخلي بلا منازع يحوم طيفك بي، ولا يتركني، أحْيا بحبك فتبتسم لي الأيام.لكم أشتاق إليكَ...لكم أتوق إليكَ...إلى متى؟!

تجتذبني إليك قوة الحب، ولا أستطيع أن أمنعها بكل ما أملك.

بكلّ قوة أحاول ..أحاول جاهدة أن أمنع نفسي عن هذا السيل المنجرف من الأحاسيس والمشاعر، ولكنّه لا يكف عن الصراخ والصياح ؟ماذا أفعل ؟!

"

فكل يوم يمر يزيدني حبًا له، يزيدني لهفةً عليه، يزيدني قربًا منه. ولكن ...أين هو؟! يحس بي أم أنني وهمٌ.... أعيشه وحدي؟! أسألك. هذا القلب الذي عرف قلبك، وأحبه

هل تحبه ؟!

منطق الحب

أحبك بمنطق الحب، أحبك بطريقتي الخاصة، أراك وحدي ولا يراك أحد مثلما أراك، أحبك بكل ألوان الحب وصُوره.

أحبك من أجل الحب ...أحبك بكل ما فيك دون اختيار، أحبك رغم الصعاب، برغم العناد، برغم البعاد، أحببتك وسأظل أحبك، ولا تسألني لماذا ؟! لكل شيء ...لأنّك ملاك، لأنك إنسان غير عادي، إنسان ترتقي بمعنى الإنسانية. فوق مستوى البشر. فوق بشرية كل هؤلاء الناس!

أحببتك لأنّك الشفافية، لأنّك الحبّ، لأنّك كلّ المعاني السامية .

أحيا بك ...أَجْمُل بك، وأَهْلك من أجلك، أرجوك لا تتركني، أرجوك لا تمنعني، أعرف أنك تقاوم .....وكذلك أنا ...

أسألك ....

عن ماذا أسألك و أنت لا تجيب، لا تريد، لا تحيد ..أتنوي الهجر والفراق. إنني لا أستطيع. لا أقوى على هذا العذاب كثيرًا ما أمنع نفسي. أجتذبها إلى حيث لا ينشغل الفكر بكَ، إلى حيث لا تسهد العين عنك، إلى حيث لا أحبك ؟!

ولكن هيهات ...هيهات، فقلبي دومًا لا يبرح التفكير فيك، لا ينسى عينيك، لا يسمع إلا صوتك . إلهي. ماذا أفعل؟! لقد ملك حبك الفؤاد، ملك كل شيء.. كل شيء، لقد أصبت عقلي ...قلبي ...روحي ...مشاعري ... ودمي.

لقد أصبت بك ولا رجاء من الشفاء، لأنَّك الهوى. لأنَّك الفؤاد العليل الذي لا أعرف كيف أداويه، ألديك ما يشفيه من سقمه؟! أتعرف علاجًا لدائه؟!

إن كان بيدك ذلك فلا تتردد حتى وإن كان مر الدواء، فأنا أشعر أنني أصبحت عبئًا ثقيلًا عليك، وماذا أملك من أمري؟

أتدري لو أنَّ الأمرَ بيدي لما عكرت صفو حياتك للحظة، لما احتجت إلى الاعتذار عن حماقات قلبي الملهوف المعلق بين سمائك وأرضك، إنك لاتعلم كم هو صعب ذلك الهوى الذي يفتك بكياني، يحطم كل أجزائي.. يذيبني في دنياك، ويأخذني بلا رجعة.....

رقة مشاعر

رقيق القلب. رحب الصدر. أرجوك سامحني فأنا حبي لك حبي للرمز. حبي للنجم العالي في السماء. حبي للملاك الذي لاتصل له يد إنسان. هذا الحب الذي دام سنوات في أعماق قلبي واستقر، حتى ضربت جذوره في أعماق الأعماق، كيف لي أن أقتلع تلك الجذور؟!

لهو الموت أهون عليَّ من اقتلاعها، إنه هو الدواء الوحيد لهذا الداء الشديد، سأعيش لك وبك مهما طال الزمان.

سأحيا من أجلك وإن كان ذاك في الخيال، فالحلم يكفيني منك، والقلب يرتوي برؤياك.

مليكي. ماذا أقول والكلمات والحروف عاجزات عن التعبير.

القلب يعج بالإحساس ومازال الألم بداخلي، ويظل إلى أمد لا ينتهي ....

أحتاج إليك

تساقطت دموعي، ومازالت تتساقط؛ لأنني أحبك أكثر من نفسي، أكثر من روحي، أكثر من كل شيء...حبي لك كبيرًا، لا تكسره العواصف، ولا تمحوه الأمواج، ولا تعصف به الرياح، فأنت ....أنت... كلّ الحب دموعي مازالت تتساقط دون إرادة مني؛ إنها خائفة من رحيلك. خائفة من قلبك الذي يقسو، ولا يحنو، خائفة من رفضك، أو ربّما من ترددك وامتناعك عنا، لماذا تتخلي عن قلبي؟! تتخلى عن حبي؟ ولكنك مازلت تبعدني عنك، لقد حاولت كثيرًا أن أكون مثلك ...ابتعد ...انقطع ...ولكنه الحب الحب العميق داخلي لا يفارقني. يعاركني الشوق والحنين إليك، وأخيرًا يغلبني ولا أقوى علي فراقك رغم إعراضك عني أحيانًا.

إلا أنني أشعر بك، أحسك أقولها لك ...مازلت أحبك وأحتاج إليك ....

شجرة العمر

شجرة العمر تساقطت أوراقها، لم تعد أوراقها خضراء، بل تساقطت كل أوراقها الخضراء ورقة ورقة حتى لم يعد إلا وريقاتها الصفراء، وربيع العمر..... رحل عنها، بل حطمها بأقدامه ـ عندما رآها ـ ربما تجاهلها، أو مرّ عليها مرور الكرام. ذبلت وتلاشت أوراقها، تجاوزت سنها قبل حلول أوانها، أصبحت تتخطى الشباب إلى المشيب وهي صغيرة.. صغيرة يعبر الزمان بأقدامه بكل قسوته يحطم غصونها، يدمر أركانها، يهدد جذورها، ليمحوها من على الأرض. فأين أنت؟ لتروي هذه الشجرة التي وهنت وضعفت لترويها من رحيق الدنيا، لتأخذ حقها من الزمان الذي نسيها وطواها في صفحات سجلاته..... أين أنت؟ يا من تروي وتشبع أرضها. يا من تخصب نبتها. يا من تغيير أحوالها.

بيدك وحدك تستطيع، كيف لها أن تنضر دون رعاية البستاني؟ وكيف لها أن تزدهي دون أن يأتي ربيعها وكيف لها أن تنمو دون أن تسقي قلبها؟ياربيعها متى تأتي؟! لتُورق وتزهر وتنضر!

تنتظرك من زمن بعيد، تتمني عودتك ..نظرتك ..قبضتك تحتوي فروعها، جذوعها، غصونها، تلملم عمرها. تبعث فيها روحها تلون أوراقها، تزكي عطرها، تنير أركانها متى؟..... مازالت تننظرك وإن لم تعد فسوف تموت، وهي تنتظرك. وتظل تتمني عودتك. لربما تقف بأطلالها يومًا. تدعوها بلا رجاء.

الكلمات

كل الكلمات أضحت قديمة، بالية، ورغم قدم هذه الكلمات إلا أنها طريقة البشر في التعبير عن أحاسيسهم ومشاعرهم. وتظل باقية حتى وإن كانت هذه الكلمات مسموعة، مقروءة أو منطوقة، ولكنها تظل حبيسة الرسم الحرفي بين السطور، وما يطفي عليها رونقها إلا الإحساس الذي لا يُرى. إلا أنك تشْتَمّه وسط السطور وتلتمسه بين الحروف، ويُندِي شفتيك بالعبير، وتتنسمه في الليالي بين الصفحات، فيبصر به الأعمى، وتتفتح له الزهور، وتتراقص له النغمات، وتَطرب له الآذان، وتذوب فيه القلوب.

عجبًا ...لهذه الحروف التي تترابط لتكون كلمات عظيمة كالجبال صامدة،قوية أحيانًا، ولينة غضة مراتٍ أخرى،

لطالما يكون لها سحرها وبريقها الأخّاذ وهي الصغيرة التي تقوى على إخفائها بين جفونك بلا عناء .

وبرغم ضعف هذه الكلمات إلا أن في ضعفها قوتها؛ فهي ... تصل المنقطع، وتعبر الجبال والبحار، وتحلق في السماء، وترفرف في الفضاء، وتغير الأحوال، وتشق الصعاب، تخترق الأبواب وتهز القلوب، وتمحو الغضب، وتقطع الرقاب، وتقرب الأحباب، وتصنع صنيع السحر، فمجرد مجموعة من الحروف تتفق لتكوّن كلمة تلو الأخرى، و في كل حرف معنى، ولكل كلمة فحوى ...إنّه للعجب العجاب، فسبحان واهب النعم، مجزل العطايا الوهاب منحنا هذه النعمة ....لنخبر الأحباب عما يجول بالألباب، ويطوف بالقلوب ويحرك الأهداب.

وأظل أحبّك

سألتك أن تهبني الحياة.

وأراك تحرمني منها، لكنك بكل لطف لا تمنعني عنها أراك.
أسمعك. انتشي بصوتك، وتظل بداخلي مهما حالت بيني
وبينك الظروف والأعذار..بكل الحب أقدّر الأعذار، لكنَّ ما
بداخلي ليس بيدي، فأنا لا أستطيع التنازل عن هذا الحب
الذي طالما أحياني زمنًا طويلًا أعيش على أطلاله، وتظل
هذه الأطلال ميقاتي ومكاني، أحبها بكل جوارحي، بكل ما
أملك. أقدسها ولا أسلوها أبدًا، مهما طال بي الزمان.

رحماك ...بضعيف الفؤاد؛ الذي اكتوى قلبه بنار الحب
أيامًا وليالي رحماك به ... فالقلب ليس مِلكًا لنا بل بيد
الرحمن يقلبه كيف يشاء.

كل ما أرجوه ...كل ما أتمناه ...أن أظل أحبك، فمهما زاد بعدك زاد حبي لك رغم ازدياد الآلآم.

قلبي الصغير

يا صاحب العطف والحنان. أنت المَخرج والملاذ، بك تضيء الدنيا، وتزدهي الأيام، وتزهر السماء، ولولاكَ ماعرف قلبي طريق الحب، ولا ذاق العذاب، ولا اعتصرته آهات الحنين و الأشواق .. يا حبيبًا ناجيته طيلة وقتي وزماني، ولازمني حبه ولا زال لا يفارق أحضاني.

أهديك قلبي الصغير الضعيف بكل ما يملك من قوة الحب. ويرجوك ألا تنساه. يرجوك ألا ترده خائبًا بلا أمل منك ولا رجاء، أسألك باسم الهوى ..ماذا أفعل بذاك القلب الصغير الحيران ؟

يا طبيبًا. لكم داويت من القلوب قلوبًا شُفيت بدوائك وطابت دون عناء، ويظل قلبي عليلًا يكتوي ولا دواء يشفي داءه سوى قلبك . الذى لا يهوى سواه..

ملاك الروح

كل لحظات العمر تمر بلا قلبٍ، بلا إحساسٍ، إنها مجرد لحظات...ولكن ..هناك دقات مازالت تدق من أجلك ...من أجلك وحدك، ربما لا تعرف ذلك، لا تعرف أن هذا الحب الكبير الذي يحيا بين ضلوعي، يجري في عروقي وشراييني، إنه أنت... أنت الأمل الذي يضيء حياتي. هذا الذي يملك عليّ كلّ حياتي، والذي أدعو الله أن يديمه علي ما حييت.وأتساءل ؟...أمازلت بعد هذه السنين تشّك في أحاسيسي ومشاعري؟!

أَوَ يُساوِرُك شكٌّ، أو يدور بخلدك هاجس في حبي؟!

كيف؟ كيف!

وأنت منهاج حياتي الذي أخطو على هداه، وأحيا في كيانه، وأود أن أصلي في محرابه ما بقي لي من العمر.....

ولم أكن لأنتظر من هذا الحب الكبير أن يثبت لي إحساسه

تجاهي.. لأنني رغم كل السنين،كنت اكتفي منه بالقليل، بل بأقل القليل، رغم أن هذا القليل كان يحييني، وأرضى به، حتى لا أُحْرَمُ من أنفاسه؛ على الرغم من أنها أنفاسٌ قِلة ولكنني أقبل أن أحيا بها.

فكم أُكِنّ لك من مشاعر الحب والعشق، وربّما أكثر، ولو كتبت بحورًا من السطور لا تملك أن تُعبّر مجرد تعبيرًا عن بضعٍ مما أحمله لك يا ملاك روحي.....

ولأنك تعرف جيدًا أنَّ المشاعر لا تُتَرجم إلى حروف، ولا إلى أفعال. هيهات هيهات. فتعال معي لأطلعك الحقيقة، فطالما جلست إليك باكية أناجي عينيك.

أحاور قلبك، وبرغم المسافات بيننا إلا أنني أشعر أنفاسك، بل أري نور عينيك، وربّما ارتمي بين أحضانك...تضمني ...تغمرني بحنانك وعطفك، كما تشملني بها دائمًا، ثم أتحسس ملامحك ...لأجدك أمامي ...ولكن رجائي الدائم ...ألا تحرمني هذه القطرات البعيدة التي تروي روحي بندى من عبير الحب، وما أحلى هذه النسمات التي تهب، فأبعثها بكلماتي الصامتة التي لا يسمعها إلا أنت؛ ولا يفهمها إلا إياك ؛ ولا يشعر بها سواك؛

علها تذكرك بي !

حبي ...قلبي ...روحي ....وتظل أنت وحدك لغة هي: أنا وأنت. ولا أحد سوانا.

فدعني أدعوك: ملاكي الوحيد.

فأنت كنت الرحمة لي، وكنت الروح للجسد دائمًا أبدًا.....

لزيارة موقع الدار ضيف هاتف الدار على موبايلك مباشرة

لزيارة صفحة الدار

للتواصل مع الدار واتس آب

مجلة الدار لإصداراتها الورقية